SERMON

PRONONCÉ

PAR

M. LE CHANOINE WINTERER

Curé de St-Etienne à MULHOUSE

A L'OCCASION

DE LA

BÉNÉDICTION DE L'ORGUE

DE

L'ÉGLISE D'HÉRICOURT

LE 26 JUIN 1888

MONTBÉLIARD

IMPRIMERIE P. HOFFMANN

1888

D

SERMON

A L'OCCASION

DE LA

BÉNÉDICTION DE L'ORGUE

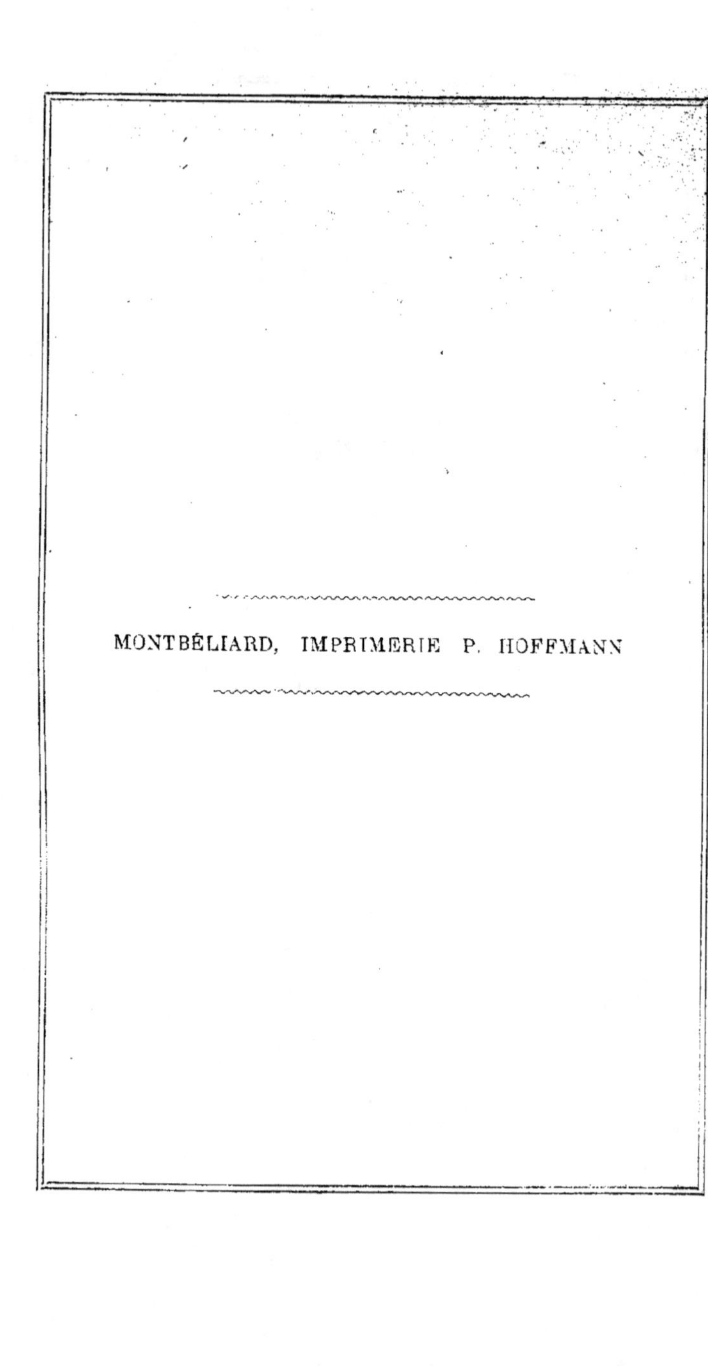

MONTBÉLIARD, IMPRIMERIE P. HOFFMANN

SERMON

PRONONCÉ

PAR

M. LE CHANOINE WINTERER

Curé de St-Etienne à MULHOUSE

A L'OCCASION

DE LA

BÉNÉDICTION DE L'ORGUE

DE

L'ÉGLISE D'HÉRICOURT

LE 26 JUIN 1888

MONTBÉLIARD

IMPRIMERIE P. HOFFMANN

1888

SERMON

PRONONCÉ

par M. le Chanoine WINTERER

Curé de St-Étienne a Mulhouse

A L'OCCASION

DE LA

BÉNÉDICTION DE L'ORGUE

DE L'ÉGLISE D'HÉRICOURT

Le 26 Juin 1888.

>   Laudate Dominum in chordis et organo.
>
>   Louez le Seigneur avec le luth et avec l'orgue. (Ps. 150).

Mes Frères,

L'église doit être chère à tout cœur chrétien ; elle doit l'être surtout au cœur du prêtre. Il nous appartient particulièrement d'être pénétrés des paroles du Psalmiste : « Seigneur, Dieu des armées, combien vos demeures sont aimables. *Quam dilecta tabernacula tua, Domine virtutum !* » Mais, si j'aime, si je dois aimer toute église, je salue avec un amour spécial les églises qui ont été élevées tout entières par la généreuse piété du clergé et des fidèles. Votre église est une de ces églises. Ici chaque pierre est un don offert à Dieu ; chaque pierre parle, et raconte votre foi et votre dévouement. Dans le pays si croyant que j'habite, on montre certaines chapelles qui ont une origine touchante : elles sont dues à des pèlerins. Chaque fois qu'ils se rendaient en pèlerinage, ils emportaient une pierre et la déposaient pieusement à l'endroit où la chapelle devait s'élever ; c'est avec ces pierres que la chapelle fut construite. Nulles chapelles ne furent plus populaires que ces humbles oratoires, qui étaient l'œuvre des fidèles. Permettez-moi, mes frères, de comparer votre église à ces chapelles. Chacun de vous n'a-t-il pas le droit de dire : j'ai apporté ma pierre pour cette église ; pour ce chœur élégant, qui abrite l'Eucharistie ; pour ces colonnes imposantes, qui s'élèvent et invitent l'âme à s'élever avec elles ; pour cette nef spacieuse, qui symbolise une autre église, laquelle n'est pas faite de pierres, mais est formée par les âmes unies dans la même foi, dans la même espérance, dans la même charité? Chacun de vous ne peut-il pas ajouter : j'ai contribué à donner à l'église des autels dignes d'elle, qui me seront deux fois chers ; j'ai apporté mon obole pour cette chaire, où la vérité enseignée par Dieu même doit m'être annoncée : cette vérité me sera deux fois précieuse ; j'ai pris la part que mes ressources me permettaient, à cette modeste mais belle ornementation, qui réjouira deux fois mon âme ?

Mes frères, aujourd'hui que votre œuvre se complète, et que votre église reçoit sa voix puissante, je comprends votre fête ; je comprends le caractère de fête de famille que vous lui donnez, et je remercie de tout mon cœur le prêtre zélé et généreux, à qui cette paroisse est confiée, de m'avoir associé à cette fête de famille.

Je ne puis vous parler que de votre église et de votre orgue. Je dirai combien vous avez raison d'aimer votre église ; je dirai quelle place l'église occupe dans la vie du chrétien et quelle place l'orgue occupe dans l'église.

Je prie Dieu par l'intercession de Marie et du saint Patron de cette église de bénir ma faible parole.

I

Oui, mes frères, vous avez raison d'aimer l'église, où s'accomplissent les mystères de notre foi. Nous appelons l'église la maison de Dieu parce que nos rapports avec Dieu y sont si intimes. L'église possède l'autel, où notre Dieu est présent au milieu de nous sous le voile eucharistique; elle possède les fonts baptismaux où la vie surnaturelle nous a été donnée; elle possède la chaire, où la parole de Jésus-Christ retentit à travers les siècles; elle possède le tribunal de la Pénitence, où le pécheur est réconcilié avec Dieu. C'est à l'église qu'est noué devant Dieu le lien sacré que la mort seule dénoue. Les plus saints souvenirs, les plus pures émotions de notre vie se rattachent à l'église. Enfin, c'est à l'église qu'est présenté après la mort le corps du chrétien avant qu'il ne soit porté à sa dernière demeure.

Telle est l'église. Cependant ce n'est pas la maison de Dieu que je veux principalement vous faire voir en elle aujourd'hui ; je veux vous la montrer comme la maison de la paix, comme la maison de nos meilleures consolations. A l'heure présente où tout est apprécié au point de vue social, c'est aussi à ce point de vue que je veux apprécier l'église.

Je dis d'abord que l'église est la maison de la paix, de la paix de l'âme. Nous avons besoin d'une triple paix : de la paix avec Dieu, avec les hommes et avec nous-mêmes ; là est le secret du vrai bonheur. Tout le monde veut être heureux ; nous cherchons tous, d'une manière ou de l'autre, le bonheur. Trop souvent cependant, on se fait une idée fausse du bonheur et on s'égare. On confond le bonheur avec le bien-être, on tombe ainsi dans une des erreurs les plus grandes et les plus fatales de notre temps. Entre le bonheur et le bien-être, il y a toute la distance du ciel à la terre. Nous pouvons voir tout autour de nous des hommes qui vivent dans toutes les conditions du bien-être et qui ne sont pas heureux. Non, mes frères, ni la demeure luxueuse, ni les riches revenus, ni les jouissances matérielles ne rendent l'homme vraiment heureux. J'ai entendu des plaintes amères dans les palais, j'ai vu des titres de rente arrosés de larmes,

j'ai vu le désespoir au sortir d'un banquet.
Ah! que faut-il donc au bonheur de l'homme?
Il faut au bonheur de l'homme un cœur vraiment content; je suis heureux quand mon
cœur est content, et mon cœur n'est content
que lorsqu'il a la paix, la paix avec Dieu, la
paix avec les hommes, la paix avec moi-même.

Il faut à notre cœur la paix avec Dieu.
Le cœur qui n'a pas cette paix, est inquiet,
il est anxieux, il est troublé; à certaines heures
où la conscience parle plus vivement, il est
douloureusement déchiré par le remords. Ce
cœur ne peut pas être heureux. Or, c'est ici,
à l'église, que l'on cherche et que l'on trouve
le plus sûrement la paix avec Dieu. L'église
nous rapproche de Dieu, elle nous réconcilie
avec lui par le sacrement de la divine miséri-
corde, elle nous unit intimement à lui par le
très-saint Sacrement de l'autel. Comment, je
vous le demande, mes frères, la paix avec
Dieu pourrait-elle être plus puissamment
affirmée?

Il faut aussi à notre cœur la paix avec
les hommes. Le cœur qui conserve une haine
quelconque ne peut pas posséder davantage
le bonheur que le cœur qui est séparé de

Dieu. Hélas ! les hommes de notre temps ne savent plus assez jusqu'à quel point l'église contribue à apaiser les haines et à unir ceux qui étaient divisés. C'est à l'église qu'est proclamée la loi de la charité et du pardon : l'Eglise assemble les hommes comme les membres d'une même famille, elle n'exclut personne, elle ouvre ses portes à tous en vertu du principe chrétien de notre égalité devant Dieu, qui est notre seule vraie égalité.

Il y a dans nos églises un symbole d'union incomparable, qui est en même temps le plus puissant moyen d'union ; je veux parler de la sainte communion, à laquelle nous sommes tous appelés. Lorsque les hommes veulent se donner entre eux un puissant témoignage d'amitié ou de fraternité, ils s'adressent des invitations mutuelles, ils prennent place à une même table. Eh bien, mes frères, Dieu en agit de même. Il a dressé, lui aussi, sa table ; nous l'appelons la *Table sainte.* Il a dressé cette table dans chaque église, d'un bout du monde à l'autre, dans l'église du hameau comme dans l'église de la ville, dans la hutte de terre glaise du missionnaire comme dans nos fières et majestueuses cathédrales. Le pauvre est invité à cette table de l'amour de

Dieu et de l'amour du prochain, comme le riche; le serviteur y prend place à côté du maître. On ne s'approche pas de cette table sans avoir commandé aux passions, sans avoir sacrifié une rancune, sans avoir déposé une haine. Je ne suis jamais témoin d'une communion nombreuse sans me souvenir de cette belle parole de saint Paul : « Nous ne formons qu'un seul corps, une seule famille, nous tous, quelque nombreux que nous soyons, car nous recevons le même pain céleste : « *Unum corpus multi sumus, omnes qui de uno pane participamus.* »

Prêchons la fraternité, mes frères : la langue humaine a peu de mots plus beaux que celui-là; mais prêchons la vraie fraternité et n'oublions pas le centre puissant de fraternité que possède l'Eglise.

Pour être heureux, il faut à notre cœur, non moins que la paix avec Dieu et les hommes, la paix avec nous-mêmes. Comment pourrais-je être heureux si je n'avais pas la paix avec moi-même, si mon cœur n'était pas tranquille, s'il n'était pas satisfait ? Le bonheur fuit la tempête, il n'habite que dans le calme de la vie intérieure. Mais, vous le savez

tous, il est difficile de satisfaire le cœur humain, il est difficile de le contenter. Tel a offert
à son cœur des monceaux d'or, et ce cœur
n'était pas satisfait ; ce cœur tourmenté demandait davantage. Tel autre a offert à son cœur
le plaisir, toute l'ivresse du plaisir, et ce cœur
n'était pas satisfait ; ce cœur tourmenté demandait davantage. Un troisième a offert à son
cœur la gloire, tout le prestige de la gloire la
plus bruyante, et ce cœur n'était pas satisfait :
ce cœur tourmenté demandait davantage.

On rapporte qu'un conquérant qui s'était
emparé de la moitié du monde connu à son
époque, s'écria plein de tristesse : « C'est déjà
tout, et ce n'est rien ! » Telles sont les exigences
insatiables du cœur humain, en apparence si
étroit. Et il ne faut pas nous en étonner : notre
cœur, si étroit qu'il puisse paraître, est fait
pour plus que tout cela, il est fait pour Dieu,
il est créé pour l'infini, et ses aspirations
tiennent en quelque sorte de l'infini. Il y a
longtemps que Saint Augustin, ce grand cœur
et ce grand génie qui a sondé tous les mystères,
les mystères de l'homme comme les mystères
de Dieu, s'est écrié : « O Dieu, vous nous avez
fait pour vous ; notre cœur est agité et tourmenté, ce n'est qu'en vous qu'il trouvera son

repos : *Fecisti nos ad te ; inquietum est cor nostrum donec requiescat in te.* » — Mettez la main sur votre cœur, mes frères : n'est-il pas agité aussi ? N'est-il pas tourmenté ? N'a-t-il pas connu, comme celui d'Augustin, l'angoisse et les cruels déchirements? Ah ! dans les luttes de la vie, dans ses incessantes agitations, où est-il donc le repos que nous demandons ? Où faut-il la trouver la paix si ardemment désirée? Elle est là où Augustin l'a trouvée, elle n'est que là, elle est en Dieu. Il faut que notre cœur monte, il faut qu'il s'élève au-dessus des misères de la vie jusqu'à Dieu. Or, n'est-ce pas à l'église que notre cœur monte le plus facilement ? N'est-ce pas à l'église que nous trouvons le plus facilement notre Dieu ? Dans les grandes épreuves, quand quelque tempête violente a agité le cœur, comme nous recher-chons l'église ! comme nous aimons à nous agenouiller sur ses bancs ! Comme nos yeux mouillés de larmes se portent vers l'autel ! Que de fois, dans ma vie de prêtre, j'ai entendu cet aveu d'un malheureux : « Ce n'est qu'à l'église que je trouve du repos. » Oui, mes frères, — ce cri du cœur des malheureux est absolument vrai, — l'église est le lieu du repos du cœur, l'église est la maison de la paix de l'âme.

J'ai dit, en second lieu, que l'église est la maison des vraies consolations. Qui que nous soyons, nous avons besoin de consolation. Nul progrès n'a pu faire tarir la source des larmes humaines. Jamais siècle n'a vu plus de progrès matériels que le nôtre, et cependant, combien les larmes sont abondantes, combien les plaintes sont amères autour de nous ! Rien ne prouve mieux, selon moi, que ce que l'on appelle la question sociale n'est pas seulement une question d'entretien matériel. Je le sais, il y a de grands besoins au sein du peuple, il y a de grandes souffrances au sein de la population ouvrière. J'ai profondément pitié de l'homme qui lutte tous les jours contre la misère et la faim, qui lutte souvent pour toute une nombreuse famille. J'affirme bien haut le devoir d'aller au secours de cet homme, mais j'affirme tout aussi haut, avec notre Seigneur Jésus-Christ, que l'homme ne vit pas seulement de pain. — Ouvriers qui m'entendez, il faut le pain de chaque jour, mais il faut aussi la vérité à l'intelligence, il faut l'espérance et la consolation au cœur. Et cette vérité, où la trouvez-vous plus élevée, cette consolation où la trouvez-vous plus pure et plus vraie qu'à l'église ?

Il y a deux sortes de douleurs : les nombreuses douleurs de la vie et les douleurs suprêmes de la mort. La doctrine qui est ennemie de l'Eglise, est-elle à même de consoler suffisamment ceux qui sont en proie aux douleurs de cette vie? De quelle nature sont les consolations qu'elle offre ? Elle se plaint ordinairement de la société, elle en demande la réorganisation et quelquefois même le renversement. En d'autres termes, elle accuse les hommes, et elle produit la haine, la plus dangereuse, la plus fatale, la plus implacable des haines, la haine sociale. Or, la haine n'a jamais consolé personne, la haine n'a jamais séché une larme.

Quelles sont les consolations qu'offre l'église ? Elle offre avant tout les consolations de la charité, qui est prêchée dans la chaire chrétienne. Ici la souffrance est expliquée : la cause première de la douleur est dévoilée, et en regard de la douleur est placée la perspective de la vie future et de ses divines compensations ; de la vie future, dis-je, sans laquelle il est impossible de se rendre compte de tous les problèmes de la vie présente. Enfin, l'église montre à l'homme qui souffre cet autel, et sur cet autel un Dieu qui a été plus pauvre que nous, plus abandonné que nous, plus persécuté que nous ; un Dieu qui a voulu porter toutes nos douleurs depuis la crèche jusqu'à la croix. — Sans doute, mes frères, notre foi ne fait pas cesser toutes les douleurs : cela est impossible. La terre restera toujours pour les hommes la terre d'exil, et sur une terre d'exil nul n'est sans douleur. Mais il sera à jamais vrai que notre foi a diminué la somme des douleurs de la terre, et qu'elle est, selon l'expression d'un grand chrétien, « la religion des malheureux ». Puissent ceux qui souffrent ne jamais l'oublier !

Il fut un temps où l'on a cru pouvoir écrire que la cheminée de l'industrie remplacerait un jour la tour de l'église. C'était une parole bien imprudente, bien funeste, bien coupable. C'était la négation du vieux principe de l'union de la prière et du travail : « *Ora et labora* » ; c'était l'ouvrier sans Dieu, les peines sans l'espérance, la terre sans le ciel. Je l'ai vu, je l'ai connu, l'homme de peine sans Dieu, sans la prière ; je ne puis dire combien j'ai eu pitié de lui, combien ses larmes étaient amères, combien ses plaintes étaient celles d'un désespéré !

Après les douleurs de la vie viennent les douleurs de la mort, les douleurs de l'agonie et les douleurs sur le tombeau. Je n'étonnérai personne en disant que ces douleurs restent toujours les plus grandes. C'est surtout en présence de ces douleurs que l'impuissance de la doctrine ennemie de l'Eglise est manifeste. L'homme qui nie ce que nous croyons, que peut-il dire à un mourant ? Il ne peut lui dire que des paroles de désespoir.

L'agonie n'est suffisamment consolée que par la foi, qui est enseignée à l'église. Elle est consolée par la perspective d'une vie meilleure, elle est consolée par le pardon suprême accordé par le Sacrement de Pénitence, elle est divinement consolée par le très saint Sacrement de l'autel, par ce céleste viatique qui transforme les mourants et qui appelle de lui-même sur leurs lèvres les paroles de la résignation chrétienne : « Mon Dieu, que votre volonté soit faite, et non pas la mienne! »

Puis, mes frères, qui est-ce qui consolera les douleurs du tombeau ? L'homme qui nie ce que nous croyons, que dira-t-il à l'orphelin qui pleure sur la tombe de son père et de sa mère ? Cet homme ne dira rien, il fuit le tombeau, il a peur de la mort : en face de la mort, l'impiété est muette.

Les douleurs du tombeau, comme les douleurs de l'agonie, ne sont suffisamment consolées que par la foi qui est enseignée à l'église. Au nom de cette foi nous disons à l'orphelin en larmes auprès d'une tombe récemment fermée : « Ne pleure point si amèrement : ton père, ta mère vivent. La mort n'a pu les séparer complètement de toi ; elle a brisé les liens des corps, elle n'a pas brisé les liens des âmes. Au-delà du tombeau, ton père reste ton père, ta mère reste ta mère. Tu les reverras. Ils sont morts dans la paix du Seigneur. Avant de mourir, ils se sont unis, dans la sainte communion, à leur Dieu, qui leur a promis la vie future comme Dieu seul peut la promettre. »

Ah ! pourquoi tous ceux qui pleurent ne comprennent-ils pas toutes les consolations qui nous viennent de l'église ? — Pour vous, mes frères, laissez-moi vous dire encore une fois combien vous avez eu raison d'aimer votre église et de faire pour elle les sacrifices que vous avez faits. Ceux qui viendront s'agenouiller ici après vous, qui viendront se fortifier dans les épreuves et se consoler dans les douleurs, vous béniront.

II

Après vous avoir entretenu de la place qu'occupe l'église dans la vie chrétienne, il me reste à vous parler maintenant en peu de mots de l'importance de l'orgue à l'église.

L'église a deux grandes voix : l'orgue et la cloche. Vous connaissez tous la puissante action de la cloche sur le cœur chrétien ; vous savez comment sa voix éveille en nous tour à tour les sentiments les plus divers et les plus élevés. Le matin, quand le jour se lève ; le soir quand le jour décline : au milieu du jour, dans le bruit des affaires et dans les agitations de la vie, la cloche nous parle admirablement de Dieu ; elle nous rappelle les plus beaux souvenirs, elle nous apporte les pensées les plus saintes, elle partage toutes nos émotions.

Ce que je viens de dire de la cloche, peut s'appliquer à plus juste titre à l'orgue. Depuis les siècles chrétiens les plus reculés l'orgue a pris place dans l'église : il en est devenu inséparable. Il manque quelque chose à nos solennités quand la voix de l'orgue ne se fait pas entendre. L'Eglise catholique a toujours compris la mystérieuse puissance des sons. Dans la création tout doit servir à glorifier Dieu et à porter les hommes au bien; les sons surtout ont été destinés à le faire. De bonne heure, le génie chrétien a trouvé un instrument qui parvînt successivement à réunir les sons dans toute leur merveilleuse variété et à les harmoniser: c'était l'orgue. Les sons, réunis et harmonisés produisirent sous la main de l'homme les plus saisissantes mélodies. L'homme leur commanda en quelque sorte, et leur dit: « Chantez ! chantez, comme les anges, la gloire de Dieu ; annoncez, comme les anges, la paix aux hommes. »

La Sainte Ecriture nous apprend que dans une heure de sublime inspiration, le prophète Isaïe entendit les concerts célestes devant le trône de l'Eternel, et nous savons que les bergers de Bethléem entendirent, eux aussi, le chant des anges à l'heure trois fois sainte de la naissance du Sauveur des hommes. Mes frères, la langue humaine est impuissante à redire ces symphonies d'un autre monde ; mais l'orgue est venu ; il a apporté aux hom-

mes le souvenir de ces symphonies, et il leur
en a donné une saisissante image. Quand,
sous une main pieuse et sûre, il nous fait entendre des harmonies vraiment dignes de
notre foi et de nos fêtes, l'âme se porte d'elle-
même vers les symphonies inénarrables que
le ciel a fait entendre à la terre. — L'art nous
représente la glorieuse martyre Cécile au mo-
ment où ses mains pures reposent sur l'orgue ; les mains touchent l'instrument sacré,
mais le regard s'élève, la figure de la martyre
s'illumine, la sainte a oublié les mélodies ter-
restres, elle n'entend plus que les voix du
ciel. Voilà ce que doit produire l'orgue sous
la main de l'artiste chrétien, et voilà aussi
pourquoi l'orgue contribue à la mission de
paix et de consolation de l'Eglise.

L'orgue contribue à nous donner la paix
avec Dieu, parce qu'il nous rapproche de
Dieu.

Il contribue à nous donner la paix avec les
hommes, parce qu'il élève nos pensées et nos
sentiments au-dessus des basses régions des
jalousies, des rancunes et des haines. Puis,
l'harmonie de l'orgue nous parle de l'harmonie des cœurs produite par la charité !

L'orgue contribue enfin à nous donner la
paix avec nous-même : car, en élevant nos
pensées et nos sentiments, il les purifie de ce
qui porte le trouble et le désordre dans notre
âme. Et ici encore l'harmonie de l'orgue
devient l'image des facultés de notre âme.
L'harmonie règne entre les facultés de l'âme
comme elle règne entre les sons variés de
l'orgue, quand notre intelligence est soumise
à la vérité divine, quand notre volonté veut
ce que Dieu demande, quand notre cœur aime
Dieu et ce qui est digne de Dieu.

La voix de l'orgue, qui est une voix de paix
est aussi une voix de consolation. Vous l'é-
prouverez souvent, en venant ici, dans vos
tristesses, prendre part aux solennités chré-
tiennes, quand l'orgue vous parlera à sa ma-
nières des miséricordes de notre Dieu, quand
il vous racontera si mélodieusement et si triom-
phalement nos immortelles espérances. Vous
l'éprouverez, dis-je, quand, dans une heure de
deuil, vous viendrez prier et pleurer ici, quand
l'orgue gémira et priera avec vous, et qu'il de-
mandera l'éternel repos pour ceux que vous
pleurerez.

— Dieu exaucera la prière prononcée tout-à-l'heure, au nom de l'Eglise, pour la bénédiction de l'orgue dû au zèle du pasteur et de ses ouailles. Vous l'avez entendu votre orgue, béni par l'Eglise ; vous l'avez entendu sous la main d'un artiste qui honore depuis longtemps l'art chrétien (1). Que ces puissantes harmonies soient une première récompense pour vos sacrifices ! Puissiez-vous les entendre longtemps ! A l'heure des solennités de l'Eglise, puisse l'orgue vous réjouir chrétiennement ! A l'heure des dissentiments funestes, puisse-t-il vous parler de l'harmonie chrétienne des cœurs ! A l'heure des affaissements de l'âme, puisse-t-il vous parler de Dieu et de ses grâces qui nous relèvent ! A l'heure des passions et de leurs luttes, puisse-t-il purifier vos sentiments ! A l'heure des tristesses de la vie, puisse-t-il vous rappeler vos devoirs et vos espérances ! A l'heure du deuil et de ses douleurs, puisse-t-il enfin vous apporter la pensée de cette vie meilleure dans laquelle nulle faiblesse, nulle passion, nul dissentiment, nulle crainte, nulle mort ne troublera plus les harmonies éternelles ! Ainsi soit-il !

(1) M. Widor.

Montbéliard, imp. P. HOFFMANN. — 4, 221.